Ouvrage suivi dans les Classes du Conservatoire.

DICTÉES MUSICALES

D'INTONATION

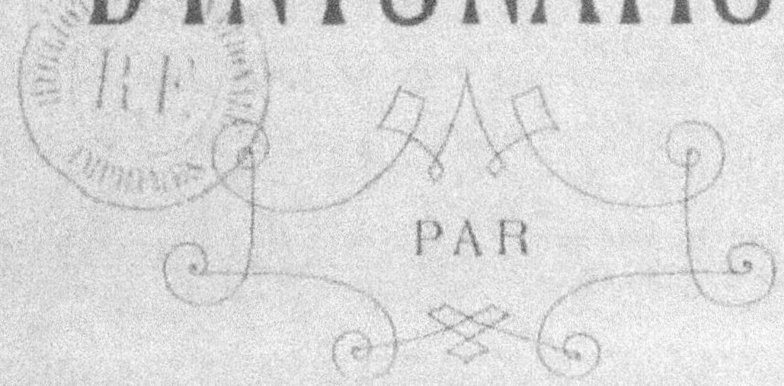

PAR

A. THURNER

Directeur de l'École Normale de Musique.

Pr: 1f 5o Net.

Du même Auteur : SOLFÉGE (ou DICTÉES) des RYTHMES. Pr: 1f 5o net.

PARIS.
Alphonse LEDUC, Éditeur, 3, Rue de Grammont

1881

A Monsieur AMBROISE THOMAS, Membre de l'Institut

DICTÉES MUSICALES

A. THURNER
Op. 20

IIme PARTIE.—L'INTONATION

Le professeur commencera d'abord à familiariser l'oreille de son élève aux intonations en lui demandant, de *auditu*, le nom des notes sur le piano; notes frappées sans aucun rythme. Une fois l'oreille préparée, on procédera aux dictées suivantes.

Le professeur doit compter à *haute voix*, ne jouant qu'*une* mesure d'abord, afin de faciliter la perception du rythme et du son à l'élève. Ensuite il réunira deux mesures *sans arrêt*, jusqu'au moment ou jugeant les progrès de l'élève suffisants, il lui dictera la phrase entière sans interruption.

Il est important de jouer l'accompagnement *très-pianissimo.*

Le *mouvement* de chaque leçon est facultatif; mais il est expressément recommandé de maintenir intacte la mesure adoptée, et d'en éviter la moindre altération.

Paris, ALPHONSE LEDUC, Éditeur.   A.L.6399.   (Gravé chez Alphonse Leduc)

Arrêt
Arrêt
N° 4.
CHANT à écrire
Arrêt. Arrêt. Arrêt. Arrêt.
f
Accomp.
p
donez la première phrase et en demander d'abord la mesure à l'élève
avant de le faire écrire.
N° 5.
Très-lent.
Doux.
Accomp.
Comptez Un, deux, trois.
1 2 3 4
CHANT à écrire.
Arrêt.
f
Comptez les mesures de silences.
Arrêt
N° 6.
CHANT à écrire
Arrêt. Arrêt. Arrêt.
f
Accomp.
p
N° 7.
Accomp.
p
CHANT à écrire
Arrêt. Arrêt. Arrêt.
f
A.L. 6399

N.º 8.
CHANT
à écrire
Accomp.t
Arrêt.
Arrêt.
Arrêt.
N.º 9.
CHANT
à écrire
Accomp.t
Arrêt.
Arrêt.
Arrêt.
Arrêt.
Arrêt.
Arrêt.
Arrêt.
Arrêt.
Arrêt.
Arrêt.
N.º 10.
Accomp.t
CHANT
à écrire
Marquez bien la basse.
Arrêt.
Arrêt.
Arrêt.
Arrêt.
Arrêt.
Arrêt.

N° 11.

CHANT
à écrire.
f
Arrêt.
Comptez les temps à haute voix.
p
Accomp.t

Arrêt.
Arrêt.

N° 12.

Accomp.t
p
CHANT
à écrire.
f
Arrêt.
3

Arrêt.
3
3
3

N° 13.

CHANT
à écrire.
f
Arrêt.
Comptez: Un, deux, trois.
Accomp.t
p

Arrêt.
Arrêt.
Arrêt.

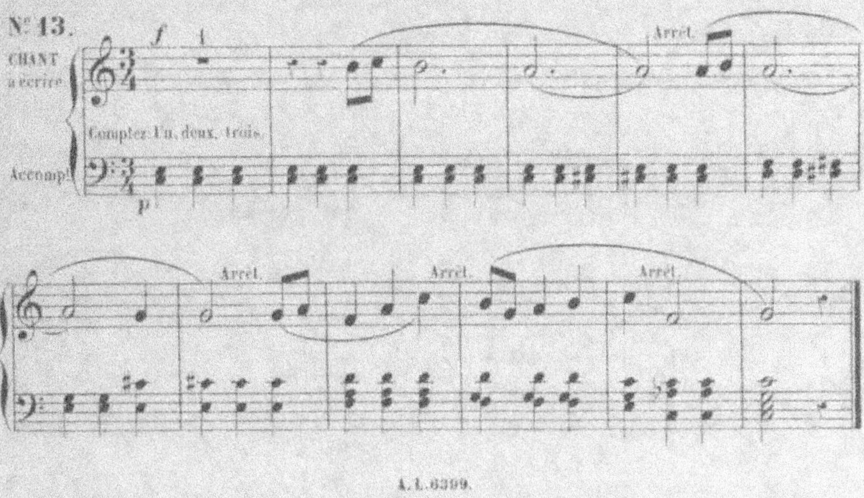

6.
N.º 14.
Accomp.¹
p
CHANT
à écrire.
f
Arrêt.
Arrêt.
Arrêt.
3
N.º 15.
CHANT
à écrire.
f
Arrêt.
Arrêt.
Accomp.¹
p
Arrêt.
N.º 16.
Accomp.¹
p
CHANT
à écrire.
f
Arrêt.
Arrêt.
3
3
Arrêt.
Arrêt.
3
3
A.L.6399.

Nº 17.
CHANT
à écrire.
Accomp.t
Nº 18.
Accomp.t
CHANT
à écrire.
Nº 19.
CHANT
à écrire.
Accomp.t
Arrêt.
Arrêt.
Arrêt.
Arrêt.
Arrêt.
Arrêt.
Arrêt.
Arrêt.
Arrêt.
Arrêt.
Arrêt.

8
N.º 20.
Accomp.t
CHANT
à écrire.
Arrêt.
1
2
3
1
2
3
N.º 21.
CHANT
à écrire.
Accomp.t
Arrêt.
Arrêt.
Arrêt.
N.º 22.
Accomp.t
CHANT
à écrire.
Arrêt.
Arrêt.
Arrêt.
Arrêt.
Arrêt.
Arrêt.
Arrêt.

N.º 23.
CHANT à écrire
Accomp.ᵗ
f
Arrêt.
p
Arrêt. Arrêt. Arrêt.
Arrêt. Arrêt. Arrêt.
Comptez la leçon suivante à volonté par temps de noires ou de croches.
N.º 24.
Accomp.ᵗ
p
Comptez les mesures de silences.
1   2   3   4
CHANT à écrire
f
Arrêt.   Arrêt.
Arrêt. Arrêt. Arrêt. Arrêt. Arrêt.
Arrêt. Arrêt. Arrêt.

N.º 25.
CHANT
à écrire
Accomp.
f
Arrêt.
Arrêt.
p
N.º 26.
Accomp.
CHANT
à écrire.
p
f
Arrêt.
Arrêt.
1
2
Arrêt.
Arrêt.
Arrêt.
1
2
3
Arrêt.
1
Arrêt.
Arrêt.
Arrêt.
Arrêt.
Arrêt.
Arrêt.

Etendue du chant à écrire.
Nº 27.
CHANT
à écrire
Accomp.t
Arrêt.
Arrêt.
Arrêt.
Arrêt.
Arrêt.
Arrêt.
Arrêt.
Arrêt.
Arrêt.
Arrêt.
Arrêt.
1
2
3
Nº 28.
Accentuez le rythme.
Accomp.t
Comptez Un, deux, trois, quatre, cinq, six.
CHANT
à écrire
Arrêt.
Arrêt.
Arrêt.
3
Arrêt.
Arrêt.

12
N.º 29.
CHANT
à écrire.
Accomp.ᵗ
Arrêt.
Arrêt.
Arrêt.
Arrêt.
Arrêt.
Arrêt.
Arrêt.
N.º 30.
Accomp.ᵗ
CHANT
à écrire.
Arrêt.
Arrêt.
Arrêt.
Arrêt.
Arrêt.
Arrêt.
Arrêt.
Arrêt.
Arrêt.
Arrêt.
Arrêt.
Arrêt.
Arrêt.
A.L.6399.

Nº 31.

Nº 32.

14
N° 33.
CHANT à écrire
Accomp.t
Arrêt.
Arrêt.
Arrêt.
Arrêt.
3
Arrêt.
Arrêt.
Arrêt.
Arrêt.
Arrêt.
Arrêt.
Arrêt.
Arrêt.
N° 34.
Accomp.t
Comptez:
1 2 3 4 5 6 7 8 9
CHANT à écrire
Arrêt.
Arrêt.
Arrêt.
A.L.6399.

N° 35.
CHANT
a ecrire
Accomp.t
Comptez:
1 2 3 4 5 6 7 8 9 10 11 12
Arrêt.
f
p

16
N.º 36.
CHANT
à écrire
Accomp.ᵗ
pp Très détaché.
p
Arrêt.
f

Etendue du chant à écrire.
N° 37.
Accomp.t
Doux.
f
CHANT à écrire.
Arrêt
A.L.6399

DICTÉES avec ALTÉRATIONS

Bien accentuer la *Partie à écrire*,
pour faire comprendre les surprises de rythmes et d'intonations.

(*) Selon le degré de savoir de l'élève le professeur rapprochera ou éloignera les *arrêts* indiqués. Après la dictée par mesures ou fragments de mesure il est nécessaire de redonner l'audition *entière* de la leçon.

N.º 40.
CHANT
à écrire
Accomp.t
Arrêt.
Arrêt.
Arrêt.
p
Arrêt.
Arrêt.
N.º 41.
CHANT
à écrire
Accomp.t
Arrêt.
Arrêt.
Arrêt.
f
p
Arrêt.
Arrêt.
1
2
3
Arrêt.
1
2
3
4
Arrêt.
Arrêt.
Arrêt.
Arrêt.

N.º 42.
Accomp.t
CHANT
à écrire
p
f
Arrêt.
Arrêt.
3
3
Arrêt.
Arrêt.
1
2
Arrêt.
Arrêt.
3
Arrêt.
N.º 43.
CHANT
à écrire
f
Arrêt.
Arrêt.
Arrêt.
p
Accomp.t
Arrêt.

Nº 44.
CHANT
à écrire
Accomp.t
Arrêt.
Arrêt.
3
Arrêt.
f
p
Arrêt.
Arrêt.
Arrêt
Arrêt.
1
Nº 45.
CHANT
à écrire
Accomp.t
f
Arrêt.
Arrêt.
p
Arrêt.
Arrêt.
3
Arrêt.
1
2
3
Arrêt.
1
2
3

N.º 46.
Accomp.t
CHANT
à écrire.
p
f
Arrêt.
Arrêt.
Arrêt.
Arrêt.
Arrêt.
Arrêt.
Arrêt.
Arrêt.
Arrêt.
Arrêt.
Arrêt.
Arrêt.
Arrêt.
Arrêt.
N.º 47.
CHANT
à écrire
Accomp.t
f
p
Arrêt.
Arrêt.
Arrêt.
Arrêt.

Arrêt.
Arrêt.
Arrêt.
N° 48.
CHANT
à écrire
Accomp.
Arrêt.
Arrêt.
Arrêt.
Arrêt.
Arrêt.
Arrêt.
Arrêt.
Arrêt.
Arrêt.
Arrêt.
Arrêt.
p

Nᵒ 49.
CHANT
à écrire
Accompᵗ
Arrêt
Arrêt
Arrêt
Arrêt
Arrêt.
Arrêt.
Arrêt.
Nᵒ 50.
CHANT
à écrire
Accompᵗ
Arrêt.
Arrêt.

Arrêt.
Arrêt.
Arrêt.
Arrêt.
Arrêt.
Arrêt.
Arrêt.
No 51.
CHANT.
a écrire.
Accomp!
Arrêt.
Arrêt.
Arrêt.
3
3
3
Arrêt.
Arrêt.
Arrêt.
Arrêt.
1
2
3
4
5
6

Nº 52.
CHANT
à écrire
Accompt
Nº 53.
Accompt
CHANT
à écrire
Arrêt.

Arrêt.
Arrêt.
1
2
Arrêt.
Arrêt.
3
Arrêt.
N° 54.
CHANT
à écrire.
f
Arrêt
Arrêt
Arrêt.
Accomp!
p
Arrêt.

N.º 55.
Accomp!
CHANT
à écrire.
p
f
Arrêt.
Arrêt.
Arrêt.
Arrêt.
Arrêt.
Arrêt.
Arrêt.
Arrêt.
1
2
3
Arrêt.
N.º 56.
CHANT
à écrire.
Accomp!
1
Arrêt.
p
Arrêt.
Arrêt.
Arrêt.
Arrêt.

Arrêt.
N.º 57.
CHANT
à écrire
Accomp.t
f
p
1   2   3
4   5   Arrêt
1   2   3   4   5
N.º 58.
Accomp.t
CHANT
à écrire.
p
f
Arrêt
Arrêt
Arrêt
Arrêt.
Arrêt
Arrêt
Arrêt.
Arrêt.
Arrêt.
Arrêt

La dictée suivante mesurée à sept temps est peu usitée, il faudra l'exécuter en premier lieu, afin de familiariser l'oreille à ce rythme, puis on l'écrira par mesure ou fragment de mesure. Il faut compter les *sept temps* à haute voix en exécutant cette leçon.

N°59.
CHANT
à écrire.

Accompt!

Faites entendre d'abord à l'élève la dualité de la mesure dans cette dernière leçon.

www.ingramcontent.com/pod-product-compliance
Lightning Source LLC
LaVergne TN
LVHW020626180726
843502LV00006B/1899